OBSERVATIONS

SUR LES

FAILLITES ET BANQUEROUTES,

ET SUR LE DERNIER PROJET DE LOI PRÉSENTÉ AUX CHAMBRES,

OU

RECHERCHES

SUR

LES RÉFORMES A OPÉRER DANS LA LÉGISLATION COMMERCIALE;

PAR

P.-E. LAVIRON,

AVOCAT A LA COUR ROYALE DE PARIS.

> La détresse commerciale est arrivée à un degré sans exemple ; elle s'étend aux diverses classes de la société, menaçant d'envelopper tout le monde dans une ruine commune, l'homme prudent et l'homme imprudent, le manufacturier et le marchand, le capitaliste et le travailleur.
>
> *Adresse récemment envoyée par les négocians de Liverpool au chancelier de l'échiquier, à Londres.*

PARIS,

A LA LIBRAIRIE DU COMMERCE,

CHEZ RENARD, RUE SAINTE-ANNE, N° 71.

1837.

OBSERVATIONS

SUR LES

FAILLITES ET BANQUEROUTES.

INTRODUCTION.

Le législateur moderne, dans ses tentatives de réformes sur notre droit privé, n'a pas oublié le droit commercial, et en particulier le livre troisième du Code de commerce. Un premier projet de loi sur *les faillites et les banqueroutes*, présenté en 1836 à la Chambre des Députés et adopté dans son ensemble après d'assez longs débats, avait subi de nombreux changemens proposés, soit par la commission, soit par la Chambre elle-même. Le gouvernement, sans les accepter tous, les soumit avec le projet primitif à la Chambre des Pairs ; mais la clôture de la session empêcha que la discussion ne pût s'ouvrir cette année. Le gouvernement profita de l'absence des Chambres pour réviser son projet ; et la nouvelle rédaction, présentée à la Chambre des Pairs le 17 janvier 1837, vient d'en être adoptée dans sa séance du 10 mai suivant. Il reste encore à la porter devant la Chambre des Députés.

Les réformes tentées par ce dernier projet ont pour

but de suppléer à l'insuffisance de la législation actuelle et de réprimer les abus qu'elle laisse impunis. C'était aussi le but de cette législation à l'égard de celle qui l'a précédée; et cette dernière, qui a pris le commerce à son berceau, avait déjà le même but.

Avant le dix-septième siècle, les relations commerciales, très peu étendues en France et sans importance particulière, étaient restées sous l'empire du droit commun. Ce fut pendant le règne de Louis XIV qu'on commença à s'occuper sérieusement du commerce et à le soumettre à une législation spéciale. Dès sa naissance, l'esprit mercantile prit une si funeste direction, qu'on sentit bientôt la nécessité d'en réprimer les écarts; et plusieurs ordonnances cherchèrent à prévenir la fraude du commerçant envers ses créanciers (1). Mais, malgré ces ordonnances, et particulièrement l'édit de mars de 1673, « il ne laissa » pas de se commettre souvent de très grands abus dans » les faillites, par des cessions, transports, obligations » et autres actes frauduleux, soit d'intelligence avec » quelque créancier, soit pour supposer de nouvelles » dettes (2). »

Cette législation ne subit aucun changement notable

---

(1) Ordonnances de 1609, 1667 et 1673; Déclarations de 1669 et 1702.

(2) Préambule de la déclaration de 1702. — Cette déclaration, pour remédier aux abus qu'elle signale, prononçait la nullité des actes passés dans les dix jours de la faillite publiquement connue. Mais on comprend trop bien l'impuissance d'un tel moyen, pour que nous ayons besoin de la constater; d'ailleurs nous reviendrons sur cette disposition conservée par le Code de commerce.

pendant la révolution. Néanmoins, « il n'y eut pas de » faillite, *parce qu'il n'y eut plus de commerce :* on ne » songeait pas à faire banqueroute, quand on payait en » assignats (1). » Mais aussitôt que l'argent fut remis en circulation, les abus du commerce reparurent avec une nouvelle intensité, et les ordonnances dont nous venons de parler, quoique toujours en vigueur, restèrent sans force pour les réprimer. Ces ordonnances s'étaient bornées à prescrire des formes sans sanction, et par suite sans utilité réelle. La seule garantie qu'elles accordaient aux créanciers, était la faculté d'exercer la contrainte par corps, faculté illusoire qui les laissait forcément dans la dépendance de leur débiteur.

« Sous une telle législation, une faillite n'était plus » un sujet de honte; c'était un moyen de fortune, une » sorte de spéculation préparée par la fraude, soutenue » par l'artifice et consommée par la faiblesse.... Si la » faillite n'était pas toujours l'ouvrage de la fraude, elle » était au moins celui de l'ignorance (2).» Pour remédier à ces désordres, qui ont si scandaleusement flétri le commerce en France, le livre III du Code de commerce a été rédigé par ordre du gouvernement et converti en loi au mois de septembre 1807.

« Mais l'expérience a depuis détruit l'espoir que la » nouvelle législation sur les faillites remédierait à ces

---

(1) Vincens, Législation commerciale, t. 1, p. 395.
(2) Discours préliminaire du Code de commerce.

» désordres : les faillites ne sont pas moins fréquentes
» qu'auparavant, et *elles ont les mêmes causes : la té-*
» *mérité et la mauvaise foi* (1). » Le vœu universel de
la France réclame de nouvelles réformes, et c'est pour y
satisfaire que le législateur s'occupe maintenant du projet
de loi dont nous avons déjà parlé.

Cette fois sera-t-il plus heureux que les précédentes ?
Atteindra-t-il enfin le but qu'il s'est si souvent proposé
sans succès ? — S'il suit la marche qu'il a suivie jusqu'à
présent ; si, au lieu de remonter aux causes du commerce
frauduleux, il se contente, dans ses dispositions répressives, d'en surveiller les progrès et réparer les écarts, il
fera ce qu'il a toujours fait, il déguisera le mal sans le
détruire ; et ce mal, momentanément comprimé, prendra
une autre direction où ses ravages ne se feront pas moins
sentir (2).

Pour les arrêter ces ravages, ce n'est pas le mal qu'il
faut attaquer, c'est la cause première du mal.

(1) Locré, Législation civile et commerciale, t. 17, p. 370.
(2) La direction qu'ont prise les débats devant la Chambre des Pairs
laisse peu d'espoir à cet égard.

— I —

Nous ne dirons pas avec l'orateur du gouvernement, M. de Ségur (1), que la cause du fléau des banqueroutes vient de l'imperfection des lois sur cette matière. Les lois qui se proposent de réprimer directement un mal, peuvent bien, par leur imperfection, lui laisser suivre une marche et une direction plus ou moins pernicieuses; mais jamais elles ne lui donneront naissance, jamais elles n'en seront la cause.

Cette cause, quand l'expérience a démontré l'impuissance des lois répressives, doit nécessairement remonter plus haut, et tenir son existence du principe fondamental qui domine toute la matière.

La cause du fléau des banqueroutes, nous la trouverons dans le principe proclamé comme la base essentielle du droit commercial, dans la *Concurrence illimitée* (2).

(1) Discours sur le projet de Code de commerce.
(2) Aux termes de l'art. 355 de la constitution de l'an III, il n'y a aucune limitation à la liberté du commerce et à l'exercice de l'industrie.

Tous les publicistes qui ont écrit sur les jurandes et les maîtrises et sur la liberté du commerce, ont, il est vrai, présenté comme un bienfait du ciel le triomphe de la libre concurrence.

La faveur universelle dont elle jouit vient de l'idée fausse qu'on s'en est faite, des heureux résultats qu'on s'est complu à lui attribuer. — C'est la concurrence, dit l'un (1), qui met un prix juste aux marchandises, et qui établit les vrais rapports entre elles. La libre concurrence, dit l'autre (2), excite sans cesse l'émulation : et l'émulation est la mère des découvertes ; elle tient en haleine tous les talens, elle réveille l'imagination, elle entretient le bon goût. Sous le régime de la concurrence, ajoutent d'autres (3), les qualités sont meilleures, les goûts plus variés, les ouvriers plus laborieux, et les consommateurs mieux servis. — Ces effets que la théorie a su trouver à la concurrence illimitée, sont bien séduisans, sans doute ; c'est dommage que l'expérience vienne tous les jours lui opposer d'accablans démentis.

Quel est donc le vice d'une assertion si généralement admise et soutenue ? — C'est de supposer bonne foi et probité à la majeure partie des hommes, à tous les commerçans. Cependant, l'intérêt individuel étant, dans cette classe de citoyens surtout, constamment en lutte avec tous les autres intérêts individuels, la force et la ruse sont leurs armes naturelles ; et, n'en déplaise aux moralistes, l'emploi de ces armes engendre nécessairement l'improbité et la mauvaise foi : la force et l'improbité à l'égard

(1) Montesquieu, Esprit des lois, liv. 20, chap. 9.
(2) Vital-Roux, Discours prononcé en 1805, à la chambre de commerce de Paris.
(3) Locré, Législation commerciale.

des inférieurs, la ruse et la mauvaise foi à l'égard des supérieurs, les unes et les autres à l'égard des égaux. Et en effet, dès qu'il y a deux intérêts opposés, ils ne peuvent exister à la fois, l'un doit nécessairement être sacrifié à l'autre; et dans la lutte qui décidera entre eux, il est naturel que l'instinct du bien-être étouffe tout autre sentiment et légitime toutes les fraudes.

Disons donc, pour donner une idée plus exacte de la libre concurrence, qu'elle suggère à chaque commerçant tous les moyens propres à lui assurer la victoire sur ses rivaux, et qu'elle le réduit à faire *per fas et nefas* usage de ces moyens.

Quels sont-ils, ces moyens? comment un marchand parviendra-t-il, en présence des autres établissemens du même genre, à achalander ses magasins et à réaliser des bénéfices raisonnables?

Livrera-t-il aux acheteurs des marchandises de bonne qualité, en se contentant d'un gain modique? — Mais son voisin fera tout pour lui enlever ses pratiques. S'il a peu de capitaux, il vendra à un prix beaucoup plus modéré les mêmes marchandises qu'il aura adroitement altérées. Si ses capitaux lui permettent de supporter des pertes prolongées, il vendra des marchandises de même qualité au-dessous de leur valeur réelle.

Donnera-t-il à ses employés, pour en obtenir des ouvrages travaillés avec plus de soin et de zèle, et par suite mieux confectionnés, le salaire qu'il leur croit légitimement acquis, sauf à mettre ses marchandises à un prix proportionné aux frais? — Mais son voisin profitera de la détresse du grand nombre des travailleurs, pour les réduire à un salaire extrêmement faible et les contraindre en même temps à mettre, sinon du zèle, du moins des soins dans les ouvrages qu'il leur confie. Cette tactique lui permettra de céder des marchandises presque aussi bien confectionnées à un prix de beaucoup inférieur.

Mettra-t-il de la franchise et de la loyauté dans ses rapports avec les bailleurs de fonds et les fournisseurs de marchandises? — Mais son voisin, par un extérieur brillant, par un adroit charlatanisme, en imposera au public et usurpera un crédit qu'il est loin de mériter. Il trouvera des fonds pour l'entreprise la plus hasardeuse; tandis que le premier manquera l'affaire la plus sûre, parce que le crédit et l'argent prodigués à son voisin lui auront été refusés.

Et qu'on ne vienne pas dire que ce sont là de vaines suppositions, ou du moins des assertions exagérées! Ce sont des faits qui se passent tous les jours sous nos yeux, et qui sont même bien au-dessous de la vérité : car nous n'avons point parlé de ces menées sourdes qui ont pour but direct la chute d'un établissement rival, menées plus fréquentes qu'on ne peut le supposer.

Par tous ces moyens, le commerçant fripon finira par ruiner l'honnête commerçant ou par le forcer à devenir aussi fripon que lui. Dans cette lutte entre l'intérêt et la conscience, que devra faire ce dernier? — D'une part, misère et probité méconnue; de l'autre, improbité respectée et richesse!... La libre concurrence ne lui laisse pas d'autre alternative..... Qu'il choisisse!!!

S'il reste pur, ce dont il est bien permis de douter, il fait ce qu'on appelle *faillite;* mais une faillite d'honnête homme, une faillite dans laquelle il rembourse à ses créanciers le cinquante pour cent au moins, et qui le laisse sans ressource aucune. Ainsi notre système mercantile mène l'honnête homme à sa ruine et écarte forcément la bonne foi du commerce. — Premier vice de la *Concurrence illimitée.*

Mais ce genre de faillite devient de plus en plus rare.

Pour réussir dans le commerce, il faut donc avoir la conscience large ; cette carrière ne reste ouverte qu'à ceux là seuls qui sont peu scrupuleux sur les moyens de faire fortune. C'est à qui aura le travail à plus vil prix, saura le mieux saisir les occasions d'en réduire encore le salaire, mettra le plus de cynisme à exploiter la classe des producteurs ; c'est à qui promènera avec le plus d'effronterie la prospérité apparente qu'il doit à la fortune d'autrui, et de cette manière parviendra le mieux à en imposer aux fournisseurs et aux capitalistes ; c'est à qui vendra ses marchandises à meilleur compte et quelquefois à perte, pour écraser ses rivaux, et rester ensuite maître de régler les prix selon son bon plaisir ; c'est à qui trompera le plus habilement et le plus avantageusement les consommateurs, soit en leur extorquant des prix exorbitans, soit en leur livrant des marchandises altérées.

Dans cette lutte acharnée de fraude, le moins habile, le moins impudent est aussi forcé de céder, de se retirer. Il fait faillite comme l'honnête homme ; mais il apporte dans la liquidation de ses dettes toute la fourberie qu'il a su acquérir dans sa vie commerciale. Il retranche de son actif tout ce qu'il peut détourner sans courir les risques d'une accusation de fraude manifeste ; il envoie des affidés auprès de chacun de ses créanciers individuellement, pour lui peindre, en phrases pathétiques et pleines de conviction, les malheurs qu'il a essuyés, les efforts qu'il a faits pour relever sa maison, la probité qu'il a mise dans ses relations avec tous ses créanciers. A l'assemblée générale, il se présente devant eux humble et soumis, il leur

parle des mille et un sacrifices qu'il s'est imposés pour ne leur faire aucun tort, il leur prouve que, s'il a fait faillite, c'est dans leur unique intérêt, et finit par leur offrir le trente pour cent au plus de leurs créances. Les créanciers, en partie convaincus, en partie fatigués, s'empressent d'acquiescer à ses offres et de le tenir quitte à ce prix.

Cette faillite, qui se reproduit autant de fois qu'il y a de jours dans l'année, qui fait peser sa présence sur toutes les classes de la société, et que nous appellerons *frauduleuse* par opposition à la *faillite de bonne foi* dont nous venons de parler, est encore une conséquence inévitable de notre système mercantile. — **Deuxième vice** de la *Concurrence illimitée*.

Le marchand ne se borne pas toujours à la fraude simple, que nous avons donnée pour cause à cette espèce de faillite et qui consiste surtout à exploiter la classe de travailleurs et à tromper les acheteurs sur la valeur et la qualité des marchandises; fraude admise dans nos mœurs commerciales comme moyen légitime de faire fortune. Le plus souvent, pour lutter avec avantage dans cette concurrence de fourberie, pour s'assurer une proie que tous lui disputent à armes égales, en un mot, pour sortir opulent de la faillite qui le menace, il usera de moyens que notre morale relâchée réprouve elle-même, il appellera le vol mercantile au secours de la fraude.

Ce vol, qui s'adresse plus particulièrement aux bailleurs de fonds et aux fournisseurs de marchandises, a deux degrés de perversité.

Dans le premier et le moins infâme, le commerçant dont les affaires sont dérangées vole avec l'espoir, bien ou mal fondé, plus ou moins vrai, de les replacer sur un pied de prospérité qui lui permette, non-seulement de rétablir sa fortune, mais encore de s'acquitter envers ses créanciers. Il remonte sa maison avec un luxe qui lui ramène la confiance publique et relève son crédit ; il fait des emprunts considérables et met en circulation des effets d'une valeur excessive ; il engage de fortes sommes à des opérations aventureuses qui lui présentent, avec des chances égales, ou d'énormes bénéfices, ou la perte complète de ses capitaux. Ne confiant au sort que la fortune des autres, et se ménageant à tous événemens des ressources *raisonnables*, il court la chance de gagner sans courir celle de perdre, et ses créanciers n'ont que la chance contraire. Si le hasard se prononce contre lui, il cède, et sa défaite prend naturellement les caractères d'une *banqueroute simple*.

Dans le deuxième degré, le commerçant a perdu tout sentiment de pudeur. Il ne cherche plus, par des moyens extrêmes, à rétablir ses affaires en causant le moins de préjudice possible à ses créanciers ; il vole pour amasser à leurs dépens, pour s'enrichir de leur ruine. Toutes ses actions démontrent en lui ce but unique : tantôt il détourne des sommes d'argent, des marchandises, il achète des propriétés à la faveur d'un prête-nom, et suppose, pour couvrir le *déficit*, des dépenses et des pertes qu'il n'a pas faites ; tantôt il fait des ventes et donations supposées, ou il contracte avec des créanciers fictifs des dettes collusoires et sans cause. Quand toutes ses mesures sont prises, il va audacieusement déclarer sa faillite, qui au fond est une *banqueroute frauduleuse*.

Mais comme, dans l'un et l'autre degrés, il est assez difficile de prouver contre le failli les faits constitutifs de la banqueroute, comme sa prévision d'une chute prochaine lui laisse le temps d'en faire disparaître les traces, sa ruine feinte n'aboutira le plus souvent qu'à une simple déclaration de faillite. Dans cet état, il se présentera avec une insolente confiance devant ses créanciers ; il leur offrira en *ultimatum* le vingt pour cent ; il les amènera par la crainte de tout perdre à accepter ses offres, et, au lieu de recevoir leurs conditions, il leur imposera un concordat qu'il aura pris soin de rédiger lui-même. En un mot, il arrivera par l'audace à des résultats plus avantageux que ceux obtenus par le simple failli, par le failli qui a eu la pudeur de ne pas joindre le vol à la fraude.

Cette faillite, ou plutôt cette banqueroute déguisée en faillite, cause des ravages bien plus considérables que la précédente : elle ébranle les grandes fortunes et ruine les petites ; elle dépouille tous ceux qui ont le malheur de tomber sous sa main, et vient ensuite étaler aux yeux du public un luxe scandaleux, élevé sur la misère d'autrui.

Si, malgré toutes ses précautions, le banqueroutier craint que ses fraudes ne soient découvertes, il passe à l'étranger, emportant avec lui tous les capitaux qu'il est parvenu à réaliser, et rend plus complet encore le désastre des fortunes grandes et petites.

Ainsi, tout en se créant une fortune considérable avec les dépouilles d'autrui, le *failli-banqueroutier* obtient dans tous les cas l'impunité de son crime : il n'en faut accuser que notre régime commercial. — C'est un troisième vice de la *Concurrence illimitée*.

Dans les cas rares où le commerçant reste convaincu de banqueroute simple ou frauduleuse, et se trouve en même temps sous la main de la justice, il n'échappera point, il est vrai, au juste châtiment qu'il mérite, mais ses victimes n'en retireront qu'un bien faible avantage ; leur position n'en sera guère améliorée. En effet, il aura

toujours eu soin de placer hors de leur portée les produits
de sa criminelle industrie, et de se ménager la meilleure
part des richesses qu'il leur a dérobées.— Ce dernier vice,
relatif à la banqueroute constatée, démontre toute l'impuissance des lois sur la matière, même quand elles viennent
à être appliquées.

La banqueroute frauduleuse, la banqueroute simple et
la faillite frauduleuse, qui ont à peu près le même résultat, résultat bien différent de celui que la loi leur attribue,
nous les comprendrons sous la dénomination commune de
faillite-banqueroute, et nous les distinguerons ainsi de
la *banqueroute constatée*, qui seule n'a pu se soustraire
à l'application de la loi.

Tels sont l'histoire et les effets de la *Concurrence illimitée*. Sous son régime, l'impunité et la fortune sont
presque toujours en raison inverse de la bonne foi. Au
lieu du beau et utile résultat qu'on lui attribue (le juste
prix des marchandises, l'émulation pour les découvertes,
le perfectionnement dans les travaux), elle engendre, à
divers degrés dans chaque commerçant, la fraude universelle et absolue :

Fraude envers les autres commerçans ;
Fraude envers les bailleurs de fonds ;
Fraude envers les producteurs ;
Fraude envers les consommateurs ;
et cette lutte de fraude engendre à son tour :
La faillite de bonne foi ;

La faillite frauduleuse ;
La banqueroute simple ;   } faillite-banqueroute.
La banqueroute frauduleuse ;
La banqueroute constatée.
Si nous ne craignions de rester bien au-dessous de la

vérité, nous conclurions de ce tableau que la *faillite-banqueroute* est, soit avec la *banqueroute constatée*, soit avec la *faillite de bonne foi*, dans les rapports de trois à un.

Au moyen de la fraude et de la banqueroute, qui sont des conséquences forcées de la libre concurrence, le plus habile réduit les uns à la misère, laisse les autres dans la gêne, et s'engraisse des dépouilles de tous.

Disons-le donc, la concurrence du commerce est devenue une concurrence de fraude et de vol mercantiles.

Nota. Ce serait mal comprendre notre pensée que de vouloir opposer nos *Observations* à chaque commerçant pris individuellement. Les conséquences théoriques que nous déduisons du principe de la concurrence, cesseraient d'être vraies, si on les sortait de leurs termes généraux et indéterminés, pour les individualiser; c'est-à-dire pour les appliquer d'une manière spéciale à tel ou tel négociant désigné. Il existe, nous nous empressons de le reconnaître, un bon nombre de commerçans qui jouissent dans le public d'une réputation de probité justement acquise. Rien dans nos *Observations* ne concerne ces personnes honorables. Que ceci soit dit une fois pour toutes; c'est une exception heureuse qui doit être suppléée dans tout le cours de cet exposé; nous n'y reviendrons plus.

— II —

Il est dans la natur e de la *Concurrence illimitée* d'é-
carter la bonne foi du commerce, d'y substituer une lutte
de fraude à fraude, et de terminer cette lutte par des faillites et des banqueroutes. C'est un fait qui devient de jour
en jour plus avéré.

Quelles précautions a prises la législation pour prévenir ces déplorables résultats, et surtout pour prévenir les
faillites et les banqueroutes?

Elle n'en a pris et n'en pouvait prendre aucune. Le
principe vicieux qu'elle a donné pour base fondamentale
au droit commercial, les rendait toutes inutiles. En pro-
clamant la *libre Concurrence,* elle a inauguré dans la
société la *faillite-banqueroute ;* celle-ci est une suite nécessaire de la première : admettre ou rejeter l'une, c'est
admettre ou rejeter l'autre.

La législation a elle-même reconnu son impuissance ;
et, au lieu de prévenir le crime, elle n'a cherché qu'à en
prévenir les effets pernicieux, qu'à mettre le failli-banqueroutier dans l'impossibilité d'élever sa fortune sur la
ruine totale ou partielle des autres. C'est à ce but unique

2

que tendent toutes ses dispositions, et encore ne peut-elle l'atteindre complétement.

Pour s'en convaincre, il suffit de parcourir le livre III du Code de commerce, et de le comparer avec le nouveau projet de loi récemment adopté par la Chambre des Pairs (1).

Le Code et le projet, après avoir défini la faillite *l'état du commerçant qui cesse ses paiemens*, prescrivent les règles d'après lesquelles la déclaration en sera faite et l'ouverture prononcée. L'un et l'autre commencent par limiter à trois jours, à partir de la cessation des paiemens, le délai accordé au failli pour la déclarer. Ensuite le Code veut que le tribunal de commerce détermine formellement l'époque de l'ouverture de la faillite; époque qui est fixée, soit par la retraite du débiteur, soit par la clôture de ses magasins, soit par la date de tous actes constatant son refus d'acquitter des engagemens de commerce. D'après le projet de loi, le jugement déclaratif de la faillite emporte de plein-droit ouverture de cette faillite; et si la cessation des paiemens est devenue notoire à une époque antérieure, le tribunal peut reporter l'ouverture à la date de la cessation notoire.

Sans nous arrêter à cette modification de peu de valeur,

---

(1) La lecture du projet et du Code comparés entre eux, donne lieu à une remarque qui prévient peu en faveur du premier. Les réformes qu'il contient consistent en grande partie dans des changemens de formalités accessoires, dans des substitutions de phrases et de mots, dans des transpositions de sections et d'articles. Ces modifications, il est vrai, peuvent quelquefois avoir leur importance, mais jamais elles ne constitueront les réformes vraies et profondes dont le besoin est si généralement senti, et qui sont attendues avec impatience et avec espoir. — Quant aux modifications plus graves que le projet renferme, nous en examinerons la portée dans le cours de nos *Observations*.

nous dirons que l'ouverture de la faillite a pour effets :
1° de dessaisir le débiteur de l'administration de tous ses
biens ; 2° d'établir une présomption de fraude pour tous
les actes passés au profit des tiers, dans les dix jours antérieurs à l'ouverture de la faillite, selon le Code, ou dans
l'intervalle qui sépare cette ouverture du jugement qui
l'a déclarée, selon le projet (1).

Ces dispositions ont pour objet d'empêcher le failli de
favoriser une personne quelconque au préjudice de la
masse des créanciers.

Mais le failli qui voudra se débarrasser d'un créancier
difficile, favoriser un parent, un ami, un associé, ou at-
tacher un complice à sa fortune, n'attendra pas, pour les
avantager, que la faillite soit déclarée par jugement, ni
même qu'il se trouve dans les dix jours antérieurs aux circonstances servant à en fixer l'ouverture. Il s'y prendra
quinze, vingt jours à l'avance, ce qui lui est facile, puisqu'il a sous les yeux un tableau exact du terme d'échéance
de tous ses effets en circulation. Si même une dette deve-
nait exigible avant qu'il eût entièrement consommé sa
fraude, il pourrait encore trouver moyen de la solder, ou
éviter de toute autre manière un refus formel de paiement.
Alors les avantages qu'il aura constitués au profit de son
ami, de son créancier, de son complice, leur seront irré-
vocablement acquis.

La loi devait-elle donc étendre la présomption de fraude
à une époque plus reculée ? — Non. Cette extension n'eût
pas fait disparaître l'inconvénient que nous venons de si-

(1) Toutefois le nouveau projet, comme le Code de commerce, déclare nuls,
relativement à la masse des créanciers, les actes faits à titre gratuit et les
actes constitutifs d'hypothèque, s'ils ont été passés dans les dix jours qui ont
précédé l'ouverture de la faillite.

gnaler ; elle n'eût pas empêché le failli de prendre toutes ses mesures la veille du terme fixé, quel que fût ce terme. Tout ce qu'elle aurait produit, c'est de rendre ses fraudes un peu moins faciles. Mais, pour ce mince avantage, la loi serait tombée dans un inconvénient bien plus grave que celui auquel elle eût voulu remédier. Elle aurait couru grand risque de porter atteinte à des droits légitimement acquis ; car plus on s'éloigne de l'époque où la faillite s'est ouverte, plus il est permis de supposer la bonne foi dans les engagemens que le commerçant non encore failli a contractés envers des tiers.

Sous notre système commercial, il n'est pas au pouvoir de la loi de réprimer les actes frauduleux passés au profit d'une personne quelconque.

Le législateur, qui a pris tant de précautions pour empêcher le failli de favoriser un créancier au préjudice des autres, n'a pas craint de favoriser lui-même ceux dont les créances ne sont pas encore échues, au préjudice de ceux dont les créances sont exigibles.

En effet, une troisième conséquence de l'ouverture de la faillite, c'est de rendre exigibles les dettes passives non échues, et de les mettre sur la même ligne que les dettes échues ; d'un autre coté, quand il s'agit de créances hypothécaires, la loi leur conserve au contraire leur avantage sur les créances chirographaires. Cette différence est d'une injustice évidente. Toutes les créances doivent être indistinctement placées sur la même ligne ou conserver leurs positions respectives ; car elles sont entre elles dans des rapports rigoureusement exacts. Celui qui prend hypothèque ou gage ne suit nullement la foi du débiteur ; il montre au contraire une grande défiance en sa solvabilité, puisqu'il exige une garantie qui lui assure à tous événemens le paiement de sa créance. Celui qui se réserve seulement la faculté de se faire payer quand bon lui semblera, suit la foi de son débiteur en ce qu'il n'exige de lui aucune garantie ; mais il s'en défie en ce qu'il se ménage le moyen de pouvoir agir dès qu'il aura le moindre soupçon. Enfin celui qui accorde un terme de paiement, suit aveuglément la foi du débiteur pendant le délai ; en s'interdisant, sans prendre de garantie, le droit de rien réclamer jusqu'à l'échéance, il fait preuve d'une confiance absolue. Lorsqu'un créancier, dira-t-on, accorde un terme à son débiteur, c'est sous la condition que ce dernier restera solvable. Mais il en est de même du créancier qui dispense son débiteur de lui fournir garantie ; c'est également sous la condition que ce dernier restera solvable. Conservez donc aux divers créanciers leurs positions respectives. La créance hypothécaire est à la créance chirographaire exigible ce que celle-ci est à la créance chirographaire non exigible. Confondre deux termes de l'un des rapports, c'est détruire la proportion. — Cette inconséquence du Code de commerce en faveur des dettes chirographaires non échues, est tellement frappante, que tout en reproduisant la disposition qui la consacre, les rédacteurs du projet n'ont déclaré ces dettes exigibles qu'à *l'égard du failli seulement*. Mais par ces termes, ils ont éludé la difficulté sans la résoudre.

Le Code de commerce, au titre *De la revendication*, consacre encore une injustice de même nature. Il constitue au profit de certains créanciers, le privilége le plus arbitraire qu'il soit possible d'inventer. Il autorise la revendication des marchandises *vendues et livrées* au failli, lorsqu'elles ne sont pas encore entrées dans ses magasins et qu'elles se trouvent toujours dans les mêmes enveloppes et sous les mêmes marques. On comprend très-bien que des marchandises consignées au failli *à titre de dépôt*, puissent être revendiquées; le déposant n'a pas dû en effet considérer le plus ou moins de solvabilité, le plus ou moins de garantie qu'il présentait, attendu que ces marchandises devaient, quoi qu'il arrivât, rester toujours les mêmes, toujours sa propriété exclusive. Mais que celui qui a définitivement livré ses marchandises au failli et lui a demandé en retour une somme d'argent, que celui qui a converti sa propriété en une créance, puisse ensuite abandonner cette créance qui constitue tout son droit pour reprendre une chose qui ne lui appartient plus! c'est ce qui ne se comprend pas. Quel est donc le motif d'un privilége aussi étrange? c'est que le failli n'a pas personnellement pris possession des marchandises. Ainsi, parce qu'il n'aura pas plu au failli de faire entrer les balles dans ses magasins et de les ouvrir, ou parce qu'un hasard les aura retardées en route, il faudra que la masse de l'actif se trouve diminuée d'autant; tandis que des marchandises vendues *postérieurement* peut-être, augmenteront cette masse, parce que le failli en aura pris immédiatement possession. Cependant le premier, comme le second et comme tous les autres, n'était plus qu'un simple créancier, et il avait de même suivi la foi du failli.

Cette inconcevable disposition ne pouvait résister à un examen sérieux. Aussi a-t-elle complétement disparu du nouveau projet de loi, et ce retranchement qui, nous l'espérons, sera maintenu par les Chambres, peut être considéré comme une véritable amélioration. Mais, disons-le, elle porte sur un cas si spécial et si restreint, que l'importance s'en trouve considérablement réduite.

Après les formalités relatives à la déclaration et à l'ouverture de la faillite, la loi prescrit l'apposition des scellés sur les magasins, comptoirs, caisses, portefeuilles, livres, registres, papiers, meubles et effets du failli. Son but, en ordonnant cette nouvelle formalité, a sans doute été d'empêcher toute soustraction préjudiciable aux créanciers. Mais le commerçant qui songe à divertir des objets composant son actif, n'attendra pas, pour le faire, que sa faillite soit déclarée ou connue ; tant qu'il n'aura pas effectué ce divertissement, il se gardera bien de s'exposer à une dénonciation de faillite de la part d'un créancier, et surtout d'en faire lui-même la déclaration. Dira-t-on qu'il faut ici, comme dans le cas d'une succession ouverte par décès, garantir les droits des absens ? Ce rapprochement est entièrement faux. Dans le cas de succession, le décès étant un événement subit et imprévu, et les objets qui appartenaient au défunt n'étant point constatés sur des registres obligés, l'apposition immédiate ne peut manquer de produire un effet utile, elle ne laisse pas le temps aux personnes présentes de soustraire des meubles que rien ne prouverait ensuite avoir été possédés par le défunt. Dans le cas de faillite, rien de semblable ; le commerçant a prévu et préparé cet événement, et il a porté sur ses livres tous les objets qu'il lui était impossible de soustraire. L'apposition des scellés devient dès-lors une formalité illusoire et diminue la masse de l'actif par des frais inutiles.

Ce vice n'a point été aperçu par les rédacteurs du projet de loi ; ils se sont contentés de reporter un peu plus loin les dispositions qui le sanctionnent.

Dans les chapitres suivans, le Code et le projet ont rassemblé les mesures destinées à mettre les créanciers en état de faire valoir leurs droits.

Ces chapitres s'occupent de la nomination et des fonctions du juge-commissaire ; de la gestion provisoire des agens de la faillite, et du bilan (1) ; des syndics provisoires et de leurs opérations, telles qu'inventaire des effets du failli, vente des marchandises et des meubles, actes conservatoires, vérification des créances. Les formalités qu'ils prescrivent ont pour objet de garantir aux créanciers la conservation des effets mobiliers et immobiliers *dont le failli a bien voulu ne pas les frustrer.* Si ces formalités ne sont pas, en général, sans utilité pour l'administration de la faillite, elles entraînent des délais qui, dans la pratique, se prolongent bien au-delà du terme que fait supposer la simple lecture de la loi. Ces délais sont, pour les créanciers, la source de plusieurs espèces de pertes. Parmi ces pertes, nous signalerons l'accumulation des frais, les déplacemens dispendieux, la détérioration des marchandises, l'improduction des capitaux. Plus les délais se prolongent, plus les pertes deviennent considérables et diminuent le dividende déjà si faible de chaque créancier.

Ces formalités et ces délais sont un mal nécessaire sous le régime actuel.

Abordons enfin les dernières opérations de la faillite. C'est ici surtout que le législateur a manqué de prévoyance.

Le Code et le projet renferment d'abord quelques dispositions relatives à la composition de l'assemblée générale des créanciers. Cette assemblée, qui se tient en présence du failli, est appelée à fixer définitivement son sort, soit par un concordat, soit par un contrat d'union.

(1) Les divisions du Code de commerce relatives à la gestion des agens et au bilan ou tableau de la position active et passive du failli, n'ont pas été conservées dans le projet de loi. Les fonctions de ces agens, entre autres le soin de compulser le bilan et de dresser l'état des créanciers présumés, ont été confiées au juge-commissaire.

Le *concordat* est un arrangement amiable consenti entre le failli et ses créanciers. Après une discussion plus ou moins vive et plus ou moins longue sur les offres et les demandes respectives, ils finissent presque toujours par se rencontrer et arrêter la réduction que toutes les créances devront subir.

Ici la loi cesse complétement de protéger les créanciers contre la fraude ; elle les abandonne à leur seule prudence ; elle leur laisse, pour se soumettre au concordat, la latitude la plus illimitée ; elle n'a pas même tenté, en leur faveur, de restreindre dans certaines bornes la faculté qu'a le failli de proposer telle réduction que bon lui semble.

Cette liberté laissée aux parties met les créanciers à la discrétion de leur débiteur, et ouvre à celui-ci une voie sûre de s'enrichir aux dépens des premiers. Le failli, en offrant le vingt ou le trente au plus pour cent (1), sait prouver, au moyen d'un compte préparé avec art, que les malheurs l'ont mis dans l'impossibilité absolue de leur offrir un plus fort dividende ; et encore lui faut-il des délais pour en solder le montant. Les créanciers, dépourvus de toutes données qui leur permettent de faire la preuve contraire, dominés par la crainte d'éprouver un dommage plus considérable encore, et désirant d'ailleurs se débarrasser au plutôt d'une aussi misérable affaire, s'empressent de souscrire à une perte de soixante-dix ou quatre-vingts pour cent, et de reculer même l'exigibilité des sommes qui resteront dues. Les avantages que le failli en obtiendra seront d'autant plus considérables qu'il sera lui-même un fripon plus habile.

Bien loin de protéger les créanciers contre la fraude du failli, la loi semble au contraire protéger le failli con-

(1) Il y a quelques années, on voyait des faillis offrir le *cinquante* pour cent ; mais aujourd'hui une faillite est excellente quand on en peut retirer le *trente*.

tre les justes réclamations des créanciers. Dans la crainte, sans doute, que le concordat n'éprouve trop d'entraves, elle se borne à exiger, pour l'établir, le consentement d'un nombre de créanciers formant la majorité simple et représentant les trois-quarts de la totalité des sommes dues. Ainsi elle viole, au profit d'un commerçant failli, qui en général mérite si peu de faveur, le principe sacré d'après lequel nul n'est tenu de se soumettre à une obligation qu'il n'a point contractée ; elle sacrifie la minorité des créanciers au vouloir de la majorité et les place tous sous la dépendance de leur débiteur. On sentira mieux toute l'iniquité d'une pareille disposition, si l'on songe qu'un créancier, son complice, peut, en se rendant cessionnaire (à vil prix, puisqu'il y a faillite) d'un certain nombre de titres, former à lui seul la majorité en nombre et en sommes, et décider à lui seul du sort de tous les autres créanciers (1).

Le nouveau projet de loi, quand il y avait tant à réformer, s'est borné à quelques modifications accessoires dans les formalités à suivre, dans l'ordre des dispositions du Code, dans les termes des articles. Il était pourtant si simple et même si naturel de fixer trois *maximum* de réduction : l'un de soixante-quinze pour cent, par exemple, c'est-à-dire le plus élevé, que le failli n'aurait pu dépasser dans ses offres, sans s'exposer à une accusation de banqueroute ; l'autre de soixante pour cent, par exemple, au-de-

---

(1) Ce n'est point là une simple supposition, c'est un fait qui s'est même récemment présenté. Il y a un an, la cour royale de Bordeaux a décidé que si, postérieurement à l'ouverture de la faillite, un créancier devient cessionnaire d'autres créanciers, il succède aux droits qui leur appartenaient, et peut les exercer comme étant subrogé en leur lieu et place, en vertu du transport qui lui a été consenti ; que *la fraude ne se présume pas*, et que le créancier, en prenant cession de plusieurs créances, a usé de son droit et a traité de bonne foi. — Arrêt du 26 avril 1836

là duquel le vote d'un nombre quelconque de créanciers n'aurait pu obliger les dissidens ; et le troisième de cinquante pour cent, auquel le failli aurait dû s'arrêter, sous peine de se voir interdire la profession de négociant, sinon comme fripon, du moins comme incapable.

C'est là, nous ne l'ignorons pas, un remède incomplet ; mais tout incomplet qu'il est, il n'en apporterait pas moins une amélioration réelle et profonde à la législation des faillites et banqueroutes. D'ailleurs c'est le seul possible sous le principe vicieux qui régit notre droit commercial.

On voit, d'après ce que nous venons de dire sur le concordat, combien rarement il y aura lieu à l'application des dispositions relatives au *contrat d'union*. A supposer même que les créanciers, présumant que les offres faites par le failli sont au-dessus de ses facultés, s'accordassent à former ce contrat et à vendre tous ses biens pour se payer sur le prix, il serait encore de leur intérêt de ne pas en venir à cette extrémité. En effet, une suite nécessaire de l'union, c'est d'occasionner des frais et des déplacemens nouveaux, de borner le dividende aux seuls objets que le failli n'aura pu divertir, de perdre sur la vente inopportune des marchandises, de reculer indéfiniment le terme où la faillite sera liquidée, etc. Et si le contrat d'union, à la différence de ce qui arrive sous un concordat, ne libère pas le failli, pour l'avenir, des sommes dont les créanciers n'ont pas été payés, d'un autre côté ce failli, encore débiteur, se gardera bien, par la suite, de faire aucune acquisition en son nom propre, et il aura soin de les passer sous le nom d'un parent ou d'un ami fidèle. A tout considérer, les créanciers trouveront plus d'avantages à accepter le concordat, quelque minime que soit le dividende offert ; et c'est ce qu'ils feront presque toujours.

Telle est l'économie de la loi, qu'il est de l'intérêt même des créanciers de se montrer indulgent pour les fraudes de leur débiteur. — Quel espoir fonder sur un système mercantile qui mène à un semblable résultat !

Le Code de commerce, après avoir posé les règles du concordat et de l'union, autorise la cession de biens par le failli, soit volontaire, soit judiciaire. Cette disposition a été supprimée dans le projet de loi. « Sans cette suppression, » a dit M. le garde des sceaux en le présentant à la » Chambre des Pairs, la législation sur les faillites pourrait » toujours être éludée. Il ne faut pas, à côté de la pro- » cédure établie pour le concordat et l'union, instituer une » procédure parallèle, qui donne au débiteur les moyens » d'arriver au même résultat dans son intérêt, sans offrir » les mêmes garanties à l'intérêt public et aux intérêts » des créanciers. » La première procédure leur offre déjà si peu de garanties ! Il ne fallait pas les diminuer encore par la faculté accordée au failli de faire cession de biens. Au reste, le commerçant a bien rarement recours à ce moyen ; il lui est si facile d'obtenir un concordat, que la cession lui présente bien peu d'avantages. La disposition qui l'autorise est donc plutôt inutile que nuisible.

Quoi qu'il en soit, il résulte de tout ce que nous avons dit, que la législation sur les faillites ouvre à tout commerçant une voie sûre, pour *se libérer intégralement* envers ses créanciers, en leur *remboursant le quart ou le cinquième* de ce qu'il leur doit.

Cette libération opérée par un remboursement partiel est en effet intégrale, puisque la loi, qui tolère d'aussi scandaleuses réductions, n'a rien fait pour contraindre le failli, devenu riche depuis, à parfaire le paiement des sommes dont il est resté débiteur.

Nous opposera-t-on les droits dont la faillite le prive et qu'il ne peut recouvrer que par une réhabilitation? Mais, aux yeux d'un failli, ces droits sont de trop peu de valeur, comparés aux sacrifices qu'exige la réhabilitation.

D'un côté, pour obtenir sa réhabilitation, il est tenu de justifier qu'il a acquitté intégralement toutes les sommes par lui dues, en principal, intérêts et frais. D'un autre côté, les droits perdus qu'elle doit lui faire recouvrer, sont : l'exercice des droits politiques (1), l'entrée à la Bourse (2), la capacité d'être agent de change ou courtier (2), l'accès aux fonctions de prud'hommes (3).

L'exercice de ces divers droits, bien loin de lui présenter une juste compensation des sacrifices qu'il s'imposerait pour s'en rendre digne, ne lui serait le plus souvent d'aucune utilité. Que lui importe que tel ou tel soit député, que tel ou tel soit conseiller municipal? Que lui importe que l'entrée de la Bourse lui soit prohibée, prohibition d'ailleurs aussi ridicule qu'illusoire (4)? Que lui importe de ne pouvoir être agent de change ou courtier, quand il n'a jamais aspiré à ces fonctions, comme sa conduite le prouve? Que lui importe enfin d'être ou de n'être pas prud'homme. Ce mobile n'est donc pas assez puissant pour l'engager efficacement à payer toutes ses dettes et à se faire réhabiliter. Et puis s'il a su se passer d'une réhabilitation pour relever ses affaires et rétablir sa fortune, il saura s'en passer aussi pour continuer à les faire prospérer. — Au surplus les faits sont là pour démontrer l'insuffisance de ces mobiles :

(1) Constitution de l'an VIII, art. 5.

(2) Code de commerce, art. 614 et 83.

(3) Acte du 11 juin 1809, art. 14.

(4) Cette disposition du Code de commerce, conservée dans le projet primitif du gouvernement, et remplacée par une autre dans celui de la commission, a été maintenue par la Chambre des Pairs.

les faillites se succèdent avec une effrayante rapidité, et les demandes en réhabilitation ne paraissent qu'à de rares intervalles.

Si le législateur a réellement eu pour objet de prévenir les déplorables effets des faillites, de protéger les créanciers contre la fraude du débiteur, il faut convenir qu'il y a bien mal réussi. Malgré ses *sages* dispositions, la mauvaise foi triomphe toujours du bon droit, et plus la mauvaise foi est grande, plus le bon droit se trouve abandonné à sa merci. Les mesures qu'il a prises et celles qu'il projette, sont impuissantes à prévenir ce scandale : nous l'avons démontré.

Jusqu'ici nous avons fait abstraction des dispositions législatives sur les banqueroutes. D'après ces dispositions, les fraudes dont nous avons parlé pourraient attirer sur le failli une déclaration de banqueroute, soit simple, soit frauduleuse : ce qui le rendrait passible de peines correctionnelles dans le premier cas, et de peines afflictives et infamantes dans le second. Mais il lui est trop aisé d'éviter l'application de ces peines pour se laisser émouvoir par une crainte aussi salutaire.

Quels sont en effet les actes qui constituent la banqueroute simple et la banqueroute frauduleuse (1) ?

« Sera poursuivi comme *banqueroutier simple*, et
» pourra être déclaré tel, suivant le Code, le commer-
» çant failli qui se trouvera dans l'un ou plusieurs des cas

---

(1) Nous ne parlerons pas des art. 587, 594 du Code et 585 du projet. Ces articles ne servent que de sanction aux dispositions des art. 8, 16, 440. 448, 472, 516, du Code de commerce, relatifs à la tenue des livres, à la déclaration de la faillite, etc. Sous le rapport des fraudes à réprimer, ils sont d'une inutilité incontestable. Celui-là seul qui, pour éviter le déshonneur, se débat jusqu'au dernier moment contre la mauvaise fortune, et qui fait une faillite de bonne foi, pourra se trouver sous le coup des art. 587 et 594.

» suivans, savoir : 1° si les dépenses de sa maison, qu'il
» est tenu d'inscrire mois par mois sur son livre-journal,
» sont jugées excessives ; 2° s'il est reconnu qu'il a con-
» sommé de fortes sommes au jeu ou à des opérations
» de pur hasard; 3° s'il résulte de son dernier inventaire
» que, son actif étant de cinquante pour cent au-dessous
» de son passif, il a fait des emprunts considérables, et
» s'il a revendu des marchandises à perte ou au-dessous
» du cours; 4° s'il a donné des signatures de crédit ou de
» circulation pour une somme triple de son actif selon
» son dernier inventaire. »

D'après cette disposition, le failli convaincu d'avoir commis les actes qu'elle énumère, ne doit pas nécessairement être condamné ; il est loisible aux juges d'apprécier *dans leur sagesse* les circonstances de la cause, et de le renvoyer de la plainte. Les rédacteurs du projet ont compris que c'était laisser trop beau jeu à l'adresse et à la chicane. Ils imposent aux juges l'obligation de condamner le prévenu s'il est prouvé qu'il se soit rendu coupable des faits qu'ils donnent comme constitutifs de la banqueroute simple, et qui sont, à peu de chose près, les mêmes que ceux énoncés par le Code.

Cela posé, la crainte de s'exposer à une condamnation suffira-t-elle pour arrêter le failli dans ses manœuvres et l'empêcher de porter préjudice à ses créanciers? Nous avons deux raisons d'en douter.

Celui au contraire qui veut faire une faillite frauduleuse, se gardera bien de se mettre dans l'un des cas qu'ils énumèrent. Il a deux motifs pour se conformer aux dispositions qu'ils sanctionnent : le premier, c'est qu'en ne s'y conformant point, il ne peut retirer aucun bénéfice de sa transgression ; le second, c'est qu'en s'y conformant, il fait croire à sa bonne foi et déguise ses manœuvres criminelles.

La première, c'est qu'on ne voit presque jamais les actes dont nous parlons entièrement dégagés du caractère frauduleux qui s'attache aux faits constitutifs de la banqueroute frauduleuse, il se confondent avec ces derniers et sont aussi faciles à dérober aux yeux de la justice. C'est ce que nous allons établir tout à l'heure.

La seconde raison, c'est qu'en admettant même que ces actes soient réellement dégagés d'intention frauduleuse, qu'ils résultent de l'imprudence et de l'imprévoyance seules, ils seront toujours difficiles à constater avec l'évidence exigée par les lois criminelles. En effet, le banqueroutier, quelque bonne foi qu'on lui suppose, a eu soin de présenter son bilan sous le jour le plus favorable pour lui, et c'est d'après ce bilan qu'il est procédé à toutes les opérations de la faillite.

Dans cet état, qui dirigera contre lui une action en banqueroute?—Ce n'est pas un créancier isolé. — Peu instruit des détails de la faillite, il ne peut avoir que des soupçons bien vagues sur la conduite du failli ; et, comme il perd déjà les trois quarts au moins de sa créance, il craindra de s'exposer à un insuccès qui ferait peser sur lui seul tous les frais de la poursuite. Ce ne sont pas les syndics. En rapports continuels avec le failli, ou bien ils se laisseront toucher par ses protestations d'honnête homme et le tableau de ses malheurs, ou bien ils ne voudront pas prendre sur eux de livrer à la justice un homme qui jusqu'alors jouissait d'une position honorable, ou bien (ce qui sera plus rare sans doute) ils se montreront accessibles à la corruption. Ce n'est pas non plus le juge-commissaire. Ce juge voit les circonstances de la faillite d'une manière trop superficielle, et il ne les voit que par les travaux des syndics. Est-ce le procureur du roi qui poursuivra le banqueroutier? Ce magistrat est le seul qui, par la nature de ses fonctions et l'habitude qu'il a des affaires crimi-nelles, offre ici quelques garanties. Mais il ne prend con-naissance des détails de la faillite que par des papiers et des documens émanés des syndics et du failli lui-même. Il lui faut donc une grande pénétration d'esprit pour y décou-vrir les élémens d'une banqueroute ; le plus souvent ces élémens lui échapperont.

Ainsi le failli, s'il présente des livres réguliers en la forme, est presque sûr d'échapper à une poursuite en ban-queroute simple.

Nous savons fort bien que la plupart des faits criminels ne sont pas plus faciles à découvrir et à constater ; que l'es-poir de l'impunité, quelque fondé qu'il puisse être, n'équi-vaut point à une certitude, et qu'une simple probabilité ne suffit pas toujours pour décider celui qui médite une action coupable.

Mais si ces considérations sont capables d'arrêter le commerçant, il ne tombera pas en faillite; ou s'il y tombe, ce sera une de ces rares faillites que nous avons appelées *de bonne foi*, et qui ne peuvent attirer sur ceux qui les ont subies l'application des peines prononcées contre les banqueroutiers.

Si ces mêmes considérations n'ont pas assez d'empire sur lui pour le retenir dans la voie d'une probité vulgaire, alors il se rendra coupable des actes constitutifs de la ban-queroute simple. Mais, comme nous l'avons dit, ces actes ne seront plus dégagés de tout caractère frauduleux. A l'imprévoyance, à l'imprudence, à la faute grave, il join-dra forcément la mauvaise foi et la fraude.

En effet, admettons que, dans l'origine, il ait agi sans mauvaise foi calculée, sans intention réellement frauduleuse; cette circonstance laissant plus à découvert le détail de ses actions, va le placer sans défense sous le coup d'une prévention de banqueroute simple. Aussitôt qu'il apercevra ce danger, auquel son inconduite l'a exposé, qu'aura-t-il de plus pressé que d'épuiser toutes les ressources de son imagination pour en faire disparaître les traces. Tous moyens lui seront bons : il faut qu'il déguise son inconduite, il faut qu'il évite le châtiment qui le menace ; tel est pour le moment son but unique. Et puisque la ruse et la fraude lui promettent le succès, il emploiera la ruse et la fraude. Il se mettra immédiatement à l'œuvre, et commencera par tenir ses livres avec toute la régularité exigée par nos lois commerciales. Au moyen du luxe qu'il a déployé et du bruit qu'il a fait précédemment, il se trouvera jouissant dans le public d'un crédit presque illimité. Alors quoi de plus facile pour lui que de supposer des dépenses et des pertes qu'il n'a point faites, et que de se ménager en même temps les moyens d'en justifier aux yeux des créanciers. De cette manière il parviendra, après un temps plus ou moins long, à remplacer ses folles dépenses par des dépenses et des pertes fictives, et à remplir ainsi la différence qui existe entre son actif et son passif. Mais ces manœuvres l'auront placé sur le terrain de la banqueroute frauduleuse, terrain qui, nous allons le voir, lui présente plus de sûreté que celui où il se trouvait auparavant. Ainsi le failli, en se rendant plus coupable, s'assure un moyen d'échapper à l'application de la loi.

Nous avons supposé dans ce commerçant l'intention unique de se tirer d'un mauvais pas aux dépens d'autrui, de couvrir *simplement* le *déficit* de sa caisse. Mais une fois engagé dans cette voie frauduleuse, qui pourra le

retenir? Il ne lui en coûtera pas davantage, il ne s'expo-
sera pas plus à être découvert, il n'encourra pas des peines
plus fortes, s'il grossit, au-delà de son *déficit* réel, ses
pertes et ses dépenses fictives, et s'il détourne la différence à son profit.

D'ailleurs, il est bien permis de croire qu'il avait, dès
l'origine, l'amour des richesses, le désir et la volonté de
se réserver des ressources. Dans ce cas, il n'aura rien res-
pecté, il n'aura gardé aucun ménagement dans l'exercice
de sa criminelle industrie.

Parvenu à ce degré de fraude, il élèvera ses pertes et
ses dépenses supposées à la somme la plus forte dont il
compte pouvoir justifier. De cette manière, il établira
dans son passif un excédant fictif sur son avoir, excédant
dont il prélèvera secrètement la portion correspondante
dans la masse de l'actif. Pour cela, il n'aura qu'à en détourner des sommes d'argent, des créances, des marchandises, ou autres effets mobiliers. Si ce moyen ne lui suffit
pas, il se ménagera, parmi ses amis ou ses parens, des
complices, des prête-nom; il leur fera des ventes, donations ou autres négociations supposées; il contractera envers eux des dettes collusoires et fictives; il achètera sous
leur nom des immeubles et des effets mobiliers; en un
mot il exécutera, soit par lui-même, soit par des tiers,
toutes les soustractions pour lesquelles on ne pourra l'accuser ouvertement de *vol*.

Tels sont les faits qui, d'après la loi, constituent la *banqueroute frauduleuse*. Mais il est plus facile d'en déterminer le caractère que d'en constater l'existence; ce ne
sont pas des forfaits comme les forfaits ordinaires, qui
laissent après eux des traces de leur passage. La banqueroute frauduleuse est un crime dont il ne reste aucun in-

dice certain. Aucun des actes qui la constituent ne peut être constaté *de visu* et ne porte avec lui la preuve de sa fraude; et pour peu que le banqueroutier mette d'adresse dans ses fourberies, pour peu qu'il use discrètement de complices, pour peu qu'il s'applique à tenir ses livres avec la régularité voulue, il en effacera complétement tous les vestiges.

Comme on le voit, il est bien plus difficile de prouver, et par conséquent de punir la banqueroute frauduleuse, que la banqueroute simple. Aussi, quoique la loi ait voulu, par des peines plus graves, réprimer la première avec plus d'énergie, l'espoir mieux fondé d'une impunité presque assurée, joint à la certitude d'une fortune considérable, y entraîne tout naturellement celui qui n'était d'abord qu'un banqueroutier simple.

Bien souvent le commerçant, pour arriver à l'idée de s'enrichir des dépouilles d'autrui, ne se donne pas la peine de passer par ces divers degrés d'improbité. Trouvant la fortune trop lente ou trop incertaine par les voies ordinaires, il conçoit et digère immédiatement l'idée de la conquérir, au moyen d'une banqueroute frauduleuse déguisée en faillite. Tantôt cette idée lui naît au milieu de ses opérations commerciales, tantôt il l'apporte en entrant dans la carrière du commerce. Cette résolution prise, il emploie quatre ou cinq ans à rassembler les matériaux nécessaires à son exécution. D'un côté il élève ses déboursés, de l'autre il abaisse ses recettes; au besoin il suppose des pertes, le tout dans les proportions que chacune d'elles comportent; en même temps il déploie dans sa maison un luxe d'étalage qui en impose au public et assure son crédit; il contracte des emprunts et paie en billets. Ses déboursés grossis, ses recettes diminuées, ses pertes feintes, ses emprunts, ses billets en circulation, tout est consigné avec une scrupuleuse exactitude sur des registres régulièrement tenus. Indépendamment de ces registres obligés, il tient pour son compte personnel des livres particuliers, qui lui présentent à toute heure sa véritable position et l'avertissent du moment opportun pour se déclarer failli. Alors il met en sûreté tout ce que la fraude lui a permis de divertir, et fait disparaître les derniers vestiges de cette fraude. Il a tout fait par lui-même et sans complice. — Ainsi préparée de longue main, sa *faillite-banqueroute* lui assure l'impunité la plus complète, et une fortune quelquefois colossale.

Donc plus le commerçant sera fripon et exercé dans ses fourberies, mieux il s'assurera impunité et fortune. Le châtiment et la misère n'atteindront que les hommes timides dans leurs fraudes, ou maladroits dans leurs manœuvres. — Voila les dignes effets de la *Concurrence illimitée*.

Malgré les formalités protectrices dont le Code de commerce a entouré les opérations de la faillite, malgré le soin qu'il a mis à déterminer les actes constitutifs de la banqueroute simple et frauduleuse, malgré les réformes proposées dans l'une et l'autre partie par le nouveau projet de loi, le marchand n'en continue pas moins et n'en continuera pas moins à l'avenir à dépouiller impunément ses créanciers.

Ainsi il reste établi d'une manière invincible que la loi est impuissante, non pas seulement à réprimer les faillites et les banqueroutes, mais même a en prévenir les résultats désastreux. Sous le principe qui régit notre droit commercial, la *faillite-banqueroute* est et sera toujours un moyen de se libérer sans payer.

Ce n'est donc pas dans la loi sur les banqueroutes qu'il faut chercher la cause première de ce fléau, ce n'est pas cette loi qu'il faut d'abord soumettre aux réformes si généralement réclamées (1).

(1) Un seul membre de la Chambre des Pairs a compris toute l'inutilité d'une nouvelle loi sur les faillites. Le projet, à supposer même qu'il contienne toutes les améliorations dont la législation actuelle est susceptible, n'aura d'autre résultat que d'introduire, dans la gestion et la liquidation des affaires du failli, une procédure nouvelle, qui ne peut manquer d'y jeter de la confusion et de l'irrégularité. Le Gouvernement et les Chambres consacrent à la discussion de ce projet un temps qui pourrait être mieux employé à d'autres matières d'intérêt général.

— III —

Nous avons trouvé dans la *Concurrence illimitée* la cause première du fléau des faillites et des banqueroutes.

Nous avons signalé les vices les plus saillans du Code de commerce et du nouveau projet de loi sur cette matière.

Parmi ces vices, quelques uns peuvent être réparés en partie ; mais les autres, en bien plus grand nombre et d'une importance bien autrement grave, sont inséparablement liés à l'état de *faillite-banqueroute*, et ne comportent aucune espèce d'amélioration sous notre régime commercial.

Ce n'est donc pas sur la législation des faillites que doivent porter les premières réformes, mais sur le principe qui domine cette législation, sur la base du droit commercial, sur la *Concurrence illimitée*.

Pourquoi la concurrence engendre-t-elle la fraude et la *faillite-banqueroute?* — C'est que, sous prétexte de protéger de prétendus droits naturels, elle consacre, sans fixer aucune limite, la lutte universelle des intérêts, et que toute lutte d'intérêts opposés, si elle est abandonnée à elle-même, dégénère forcément en un combat acharné, où le triomphe n'est assuré qu'au plus fort, au plus habile, au plus fourbe.

Pour modérer cette lutte acharnée et en prévenir les funestes effets, il suffirait de restreindre les points de contact entre les intérêts, d'imposer des règles à la concurrence.

Au lieu d'une concurrence illimitée dans son essor, établissez une concurrence renfermée dans de sages limites. Cette concurrence, pour être sage, doit rendre à peu près impossible la fraude secrète et universelle. C'est à cette seule condition que les législateurs atteindront enfin le but qu'ils se sont proposé et proposent encore vainement, qu'ils empêcheront le fripon de créer sa fortune avec les dépouilles de ses concitoyens.

Ne déclarer marchandises que les objets empreints d'une garantie publique, administrativement cotés ! — Telle nous paraît être la solution du problème.

Cette solution sèchement formulée ne peut manquer de soulever des oppositions graves et puissantes. Dans le premier mouvement on nous accusera peut-être d'appeler le monopole dans toutes les branches du commerce. Tel n'est point notre but. Qu'on nous permette de le développer et on en restera convaincu.

Cependant pour ne rien déguiser de notre manière de voir, nous estimons que le *Monopole universel* (1) est bien préférable à la *Concurrence illimitée*. Si le premier régime donne lieu à quelques abus, du moins il offre des

---

(1) Nous n'entendons point parler ici de ces monopoles particuliers qui, sous le nom de maîtrises et de jurandes, avaient été créés dans un but purement fiscal et ne profitaient qu'à un petit nombre de privilégiés. Ces monopoles, durant leur existence, ont donné lieu à des inconvéniens trop graves et trop généralement sentis, pour que personne aujourd'hui ose les préférer à la libre concurrence, toute abusive qu'elle puisse être.

avantages qui les compensent amplement : le consommateur est certain que des objets qu'il a payés cinq, vingt, cent
francs, valent cinq, vingt, cent francs ; le créancier est
certain qu'il sera intégralement remboursé de sa créance
en capital, intérêts et frais ; etc. Mais sous le régime de
la libre concurrence, qu'une personne peu habile à discerner
la qualité des marchandises se hasarde à en acheter, elle
courra grand risque de payer vingt et même cent francs
un objet qui n'en vaut que cinq ; qu'un petit capitaliste ou
un petit propriétaire aille confier au commerce le fruit de
ses épargnes, il se verra souvent dépouillé des soixante-
dix et quatre-vingt centièmes de sa modeste fortune ; etc.
Quels avantages les partisans de ce dernier régime oppo-
seront-ils à ces abus révoltans ?

Mais, nous le répétons, ce n'est point le monopole des
maîtrises que nous voulons faire revivre, ni même le monopole universel que nous voulons organiser ; c'est une
garantie contre les excès de la concurrence que nous réclamons.

Soumettre le commerce à des garanties de bonne foi et
établir le monopole du commerce, sont deux choses bien
différentes. L'orfèvre négocie des marchandises portant
avec elles la garantie de leur qualité, et cependant l'orfé-
vrerie n'est pas un monopole ; le changeur négocie des
marchandises portant avec elles la garantie de leur valeur
ou prix, et cependant le change n'est pas un monopole.
Bornons nos exemples à ces deux professions : la réunion
des conditions auxquelles elles sont soumises donne la for-
mule exacte du système commercial que nous proposons.

Ce système mérite, par les avantages qu'il promet,
d'être examiné et approfondi. La théorie en est simple et
l'application facile.

Il consiste uniquement à exiger que toute marchandise mise en vente porte en elle la preuve authentique de sa *qualité* et de son *prix*, à exclure du commerce les objets qui n'auraient pas été soumis à cette double garantie, et à prononcer contre ceux qui auraient dans leurs magasins des effets non cotés, la confiscation de ces effets, et au besoin d'autres peines proportionnées à l'importance du négoce.

La *qualité* d'un objet est la valeur qu'il tient plus particulièrement des matières premières; son *prix* se compose, et de la valeur qu'il doit aux matières premières, et de celle qu'il doit à la main-d'œuvre. Cette double valeur, qui résulte des frais de production ou avances indispensables pour faire exister la marchandise au lieu où elle doit se négocier, nous la nommerons, avec M. de Sysmondi, le *prix nécessaire* des choses, par opposition à leur *prix de convention*, ou valeur qu'elles tirent de l'opinion seule, c'est-à-dire de la mode et des circonstances. La réunion du prix nécessaire et du prix de convention forme ce qu'on appelle le *prix courant*.

Dans cet état, c'est le *prix nécessaire* qui se trouverait coté sous garantie publique; le *prix de convention* seul serait abandonné à la concurrence.

Ce serait à l'administration publique à veiller à l'accomplissement de ces conditions. Sa tâche deviendrait facile. Elle n'aurait qu'à préposer, à la tête de chaque branche d'industrie commerciale, des contrôleurs chargés de fixer la qualité ou valeur intrinsèque des marchandises, et leur prix ou valeur en matières brutes et en main-d'œuvre. Ce sont là des bases certaines de prisée qui en garantissent l'exactitude. Il suffirait donc, pour assurer une juste appréciation des valeurs, d'employer des hommes experts dans chaque spécialité, et de leur permettre de s'éclairer par des certificats locaux, par des actes de notoriété, par des quittances émanées du fournisseur, de l'ouvrier, etc. L'opération terminée, les marchandises seraient marquées d'une empreinte publique et livrées au commerce. Cette empreinte, outre le chiffre de la qualité et du prix nécessaire, pourrait porter aussi le chiffre de l'année. Enfin, on confierait à des inspecteurs particuliers le soin de s'assurer que tous les objets exposés en vente ont été soumis au contrôle et portent sur eux les chiffres ou poinçons de garantie.

Rien de plus facile que l'application de cette théorie aux objets qui comportent dans leur substance même la marque d'un signe quelconque, tels qu'un vase de métal, une pièce de drap. A l'égard des objets qui ne sont susceptibles d'aucune marque, comme les graines et les liquides, les poinçons de garantie seraient imprimés sur les coffres et les vaisseaux destinés à les recueillir : seulement, les magasins où s'en ferait le commerce seraient soumis à une surveillance plus active. On pourrait aussi, dans les cas où ces moyens seraient inapplicables, établir parmi les magasins diverses catégories, classées suivant la qualité et la valeur des marchandises qui s'y débitent.

La concurrence ainsi limitée à l'excédant du prix courant sur le prix nécessaire, rendrait la fraude impossible dans la plupart des cas, et introduirait forcément la bonne foi dans les relations mercantiles; c'est ce que nous établirons tout à l'heure.

Mais d'un autre côté, dira-t-on peut-être, ce régime de garanties, par la gêne qu'il imposerait au négociant et l'exiguité des bénéfices qu'il lui permettrait, ralentirait l'activité du commerce, compromettrait l'existence d'une classe nombreuse de citoyens, et diminuerait même la fortune nationale.

Il faut connaître bien peu les causes de la prospérité commerciale des nations, pour proposer sérieusement une objection pareille. Quelles sont en effet ces causes? Ce sont le bien-être général, les besoins du consommateur, l'accès libre aux professions industrielles, les moyens faciles d'approvisionnement. Notre système commercial gêne-t-il en rien ces quatre sources de prospérité? Bien loin de là, il ne fait que leur assurer de plus grands développemens.

D'abord, il laisse une grande facilité dans les moyens d'approvisionnement, en rendant inutile l'établissement des octrois et des douanes. Cette inutilité devient constante, puisque d'une part il offre au gouvernement un moyen sûr de percevoir des droits équitables et proportionnés sur chaque marchandise en particulier, et que d'autre part il offre aux citoyens une garantie nationale qui leur fera toujours préférer les marchandises confectionnées dans le pays aux marchandises étrangères, dépourvues de toute espèce de garanties. D'ailleurs les marchandises importées seraient soumises à des formalités en rapport avec le régime du commerce intérieur, celui de la *Concurrence limitée* (1).

Ensuite il rétablit la liberté des professions industrielles

(1) L'enquête commerciale entreprise en 1834 avait pour objet de mettre le gouvernement à même d'apprécier s'il était utile et opportun d'abolir le régime des douanes, c'est-à-dire d'étendre au commerce extérieur le principe de la concurrence illimitée. Quel eût été le résultat d'une semblable innovation? Si l'on en juge d'après ce qui se passe aujourd'hui dans le commerce intérieur, auquel ce principe est restreint, il est difficile de concevoir tous les désastres dont elle eût été le germe. La concurrence intérieure engendre la fraude, la banqueroute et la ruine privées; la concurrence extérieure eût produit les mêmes effets sur une échelle plus large. Dieu garde les gouvernemens qui tiennent à leur conservation, d'établir, *sans contre-poids puissans*, un régime aussi désastreux. — L'enquête de 1834, vicieuse dans son objet, ne pouvait avoir et n'a eu en effet aucune suite.

pour tous les hommes timides et de médiocre fortune, pour tous les hommes de probité et de bonne foi. Ces hommes qui aujourd'hui ne peuvent s'engager dans cette carrière sans s'exposer à être écrasés par les manœuvres frauduleuses de leurs rivaux, et ruinés par une *faillite simple,* soutiendront bien aisément une concurrence qui ne porte que sur le prix de convention, c'est-à-dire sur la différence entre le prix nécessaire et le prix courant. Le commerce ne peut que gagner à l'acquisition de cette classe d'hommes.

En troisième lieu, sous ce régime qui garantit la qualité et la valeur, le consommateur se portera bien plus facilement à satisfaire ses besoins, que sous un régime où il court le risque d'être trompé sur l'une et sur l'autre, et où il ne se hasarde à se procurer une marchandise quelconque, que lorsqu'il se sent en état d'en apprécier la valeur, ou lorsqu'il peut l'acheter par l'intermédiaire d'une personne sûre, ou bien encore lorsqu'il en a un besoin urgent, indispensable.

Enfin la facilité avec laquelle l'industrie s'exerce, les approvisionnemens se font, les besoins sont satisfaits, ne peut manquer de donner de l'activité aux relations commerciales, et par suite d'augmenter le bien-être général.

Que reproche-t-on au système de garanties, à la *Concurrence limitée?* — De rebuter le commerçant par des formalités gênantes et par l'exiguité des bénéfices.

A l'égard du premier reproche, nous nous bornerons à dire qu'il est déraisonnable aujourd'hui; car ce régime serait moins gênant, moins vexatoire, moins onéreux peut-être que celui des octrois et des douanes sous lequel nous vivons.

Le second reproche n'est pas mieux fondé.

Si, comme le démontre M. Storch (1), l'utilité est la mesure des valeurs, ce régime laisse encore un assez vaste champ à la concurrence pour stimuler le commerçant par l'appât des bénéfices. Ainsi une étoffe est de mode ; elle existe sous plusieurs qualités et sous plusieurs prix. En cet état deux pièces peuvent se présenter avec quatre combinaisons : ou bien elles sont cotées au même prix et garanties de qualités différentes, ou bien elles sont cotées à des prix différens et garanties de même qualité, ou bien elles portent même prix et même qualité, ou des qualités et des prix différens. Dans chacune de ces combinaisons, il est également possible que les deux pièces aient, pour une personne donnée, soit la même valeur, soit des valeurs différentes ; car il est possible que l'une et l'autre soient à cette personne d'une utilité égale, comme il est possible aussi que l'une lui soit plus utile que l'autre.

Appliquons ces principes à la seule marchandise qui offre aujourd'hui les conditions que nous réclamons pour toutes, à la monnaie (2).

Deux personnes ont chacune un billet de mille francs dans la poche, et vont les échanger contre du numéraire. On leur offre deux sacs contenant l'un mille francs en or, l'autre mille francs en argent, c'est-à-dire deux quantités

(1) Cours d'économie politique, introduction générale, chap. III et IV.

(2) La loi du 3 septembre 1807, qui fixe invariablement à 5 ou 6 francs l'utilité annuelle de 100 francs, et qui met ainsi la monnaie hors du commerce, paraîtra absurde à quiconque voudra se placer à notre point de vue. Le législateur, en réglementant l'intérêt de l'argent, a réglementé un prix qui ne peut résulter que des conventions, une valeur qui a sa cause dans l'opinion seule, c'est-à-dire un point qui sort de son domaine.— Un exemple fera mieux comprendre notre pensée. Je découvre une entreprise où il y a le 50 p.0|0 à gagner par année. Si aujourd'hui je trouve 100 francs à emprunter, dans un an j'aurai 150 francs en ma possession. Pour rencontrer un capitaliste qui m'avance les fonds nécessaires, je comprends qu'il me faut lui céder

de marchandises cotées au même prix (mille francs), et garanties de qualités différentes (or, argent). La première personne, qui reste sur les lieux et veut dépenser ses mille francs en détail, ne tient pas à avoir de l'or plutôt que de l'argent ; elle n'est pas disposée à acheter l'un plus cher que l'autre. Mais la deuxième personne qui se propose de faire un voyage serait bien aise, pour la sûreté de sa provision monétaire et pour sa propre commodité, de convertir son billet de banque en monnaie d'or ; elle donnera donc du sac d'or vingt et même cinquante francs s'il le faut.

Il est inutile de retourner cet exemple de manière à le rendre applicable aux trois autres combinaisons dont nous avons parlé : cette application est facile à concevoir. Tel qu'il vient d'être posé, l'exemple donné suffit pour faire soupçonner jusqu'à quel point la seule valeur de convention peut varier suivant la position, les besoins et les goûts, soit de l'acheteur, soit du vendeur, et par suite combien la concurrence, limitée à cette valeur, offre encore de chances de bénéfices. C'est à qui saura le mieux s'approvisionner des objets en vogue, satisfaire au plus grand nombre de besoins, saisir avec plus d'art le goût du consommateur, etc. Si cette sage concurrence ne permet pas des bénéfices exorbitans, du moins elle assure des profits raisonnables.

---

une partie de mes bénéfices. Vu les chances de perdre qu'il croit apercevoir et le besoin que j'ai de cette somme, nous convenons de partager par moitié les 50 fr. de bénéfice que je dois réaliser : je garderai 25 francs et lui rendrai 125 francs au bout d'une année. Mais non ; la loi qui, dit-on, veille à mes intérêts de moi débiteur, est là pour me défendre de consentir à rendre plus de 105 francs, c'est-à-dire pour m'interdire un gain de 25 francs, parce que je ne trouve pas, selon son vœu, à en gagner 45. — En dépit de cette loi, le numéraire cherche par mille détours à s'élever au rang de marchandise ; les établissemens de change, les banques, les comptoirs d'escompte, les entreprises par actions, en sont une preuve frappante.

Ainsi, sous ce régime, la carrière du commerce reste assez belle pour que les citoyens s'empressent de l'embrasser.

A supposer même qu'il entraîne après lui quelques inconvéniens réels, cette considération, si on lui oppose les immenses avantages qu'il promet, ne sera pas assez puissante pour en empêcher ou même en retarder l'application.

Les avantages que nous attribuons à la *Concurrence limitée* en sont les effets nécessaires, effets qu'elle produit, soit médiatement, soit immédiatement.

Ses effets immédiats sont : 1° d'assurer aux producteurs un salaire raisonnable ; 2° de mettre un juste prix aux marchandises ; 3° de rendre impossible l'altération des matières qui les composent.

Sous ce régime, le marchand n'a aucun intérêt à réduire hors mesure le salaire des travailleurs ; ces sortes de déboursés étant pris en considération pour fixer le prix nécessaire de la chose produite, il a la certitude qu'elles lui resteront lors de la vente. D'ailleurs l'administration, qui voit par ses contrôleurs jusqu'à quel point le salaire est proportionné au travail, peut, même par son influence morale, exercer une protection active et efficace en faveur de toute la classe des producteurs. Ceux-ci alors, sûrs d'un gain honnête, ne songeront guère à saisir toutes les occasions qui se présentent de troubler le repos de la classe riche ou de l'état ; ils se complairont dans des occupations qui leur procurent une existence sûre et aisée, et ils ne livreront au commerce que des marchandises confectionnées avec soin et avec goût.

La garantie appliquée au prix nécessaire des choses, ne permet pas non plus au marchand de profiter de l'igno-

rance ou de la bonne foi des consommateurs, pour leur
escroquer quatre ou cinq fois la valeur de celles qu'il leur
vend. Le prix nécessaire se trouvant invariablement fixé,
la lutte entre le vendeur et l'acheteur ne peut s'engager
que sur le plus ou moins d'utilité de la chose, et son prix
définitif dépendra, et de l'avantage que l'un croit avoir à
l'acquérir, et de celui que l'autre croit avoir à s'en défaire.
Or, si tous ne sont pas en état d'estimer la valeur d'un
objet, tous du moins sont capables d'apprécier l'utilité dont
cet objet peut être pour eux ; en limitant la concurrence à
cette dernière branche, on amène donc un grand nombre
de consommateurs à se procurer les marchandises, dès qu'ils
en sentent le besoin ou qu'ils en conçoivent le désir. Les
relations mercantiles se multiplient par la bonne foi, et le
débit devient plus grand.

Ce qui augmenterait surtout la prospérité commerciale,
c'est la certitude où seraient les consommateurs de n'être
pas trompés sur la qualité des marchandises. Le contrôleur,
après avoir essayé les objets soumis à son examen, doit
en effet refuser tous ceux qui offriraient la moindre falsification et imprimer sur les autres le chiffre exact de
leur qualité. De cette manière, un individu peu favorisé
de la fortune ne verra plus des effets qu'il avait achetés
comme marchandises de bonne qualité, se détruire sans
presque lui avoir fait d'usage. Et puis c'est le seul moyen
de réprimer le négoce scandaleux des alimens-poisons,
négoce qui, sous la protection d'une patente, répand la
maladie et la mort dans les classes basses et moyennes de
la société. La garantie des qualités une fois établie par
une empreinte administrative, assure au consommateur
que son acquisition lui fera exactement l'usage qu'il en
attend, et l'invite à mettre plus d'empressement à satisfaire
ses besoins et ses désirs.

4

Les effets médiats de la *Concurrence limitée* sont :
1° de détruire radicalemet *la faillite-banqueroute ;* 2° de
diminuer considérablement le nombre des *banqueroutes
constatées* et celui des *faillites de bonne foi ;* 3° et par
suite de donner plus de sûreté aux bailleurs de fonds et
autres créanciers.

La *faillite-banqueroute,* c'est-à-dire la faillite par laquelle le commerçant vole impunément ses créanciers, ne
peut plus subsister sous le régime des garanties. Sous ce
régime le commerçant ne peut plus, avec chance de succès,
supposer des dépenses et cacher des recettes relatives aux
objets de son négoce. Ces objets, présentant le chiffre de
leur prix nécessaire, portent en eux la preuve incontestable de ce qu'ils lui ont coûté pour les faire exister au
lieu où il les a négociés, et de ce qu'il a dû les vendre
dans ce lieu. Et même, comme on ne peut raisonnablement
admettre que le consommateur n'en offre que le prix repré-
senté par leur chiffre, on est toujours en droit de fixer un
minimum de bénéfices. Quant aux dépenses de la maison,
il est facile de déterminer les limites qu'elle ne pouvaient
dépasser, puisqu'il avait des bases certaines pour les régler
et qu'un extérieur opulent lui était inutile pour obtenir
achalandage et crédit. Ainsi la possibilité de fraudes se-
crètes se trouve restreinte, pour le commerçant, aux sommes qui, dans ses profits réels, excéderaient le *minimum*
des bénéfices fixé, et à celles qui, excédant les dépenses
réelles de sa maison, seraient en même temps renfermées
dans les limites déterminées. Dès lors les détournemens
qu'il peut effectuer seront évidemment trop faibles pour
qu'il ait jamais intérêt à se déclarer en faillite plutôt qu'à
continuer son négoce.

La faillite-banqueroute devenant impossible, la déconfiture d'un commerçant le constituera de plein droit en état de *banqueroute pure* ou *constatée*. Alors tous les actes à titre gratuit passés au profit des tiers seront, sans exception, nuls, comme frauduleux. Les actes à titre onéreux, tels que ventes et emprunts, si l'emploi de leurs produits ne se trouve pas justifié par l'état des marchandises, seront, à l'égard de ce commerçant, réputés frauduleusement contractés, et pourront être déclarés nuls. Dans tous les cas, les produits de ces ventes et emprunts, n'ayant leur raison ni dans les bénéfices, puisqu'il y a déconfiture, ni dans le chiffre du prix total des marchandises, puisque l'emploi n'en est pas justifié par ce chiffre, seront supposés détournés à son profit. Ce sera un vol manifeste qui le placera sous le coup d'une prévention de banqueroute frauduleuse, comme le dépositaire de deniers publics qui ne justifie pas de l'emploi de toutes ses recettes, est par ce fait seul prévenu du crime de concussion.

Nous ne voulons pas dire que le commerçant en déconfiture devra dans tous les cas être condamné comme banqueroutier ; il est possible que sa position ne soit due qu'au malheur seul, ou bien à une simple imprudence. Tout ce que nous prétendons, c'est que cet état fasse *présumer* la banqueroute, comme la mutilation d'un cadavre fait présumer l'assassinat, comme la soustraction d'un objet fait présumer le vol. C'est à l'auteur de la mutilation du cadavre et de la soustraction de l'objet à prouver que ces faits sont le résultat d'une imprudence excusable ou d'une force majeure, et que dès lors il n'a commis qu'un meurtre ou qu'une soustraction non frauduleuse. Nous voudrions qu'il en fût de même dans le cas de banqueroute, que ce fût au banqueroutier à prouver qu'il est excusable, et qu'il n'a fait qu'une faillite simple, une *faillite de bonne foi*.

Comme on le voit, nous ne demandons pour la banqueroute que l'application des règles du droit commun.

On comprend combien, sous un semblable régime, la
crainte où est le commerçant d'encourir un châtiment certain, et l'avantage qu'il a de n'être plus exposé à des menées
puissantes de la part des autres commerçans, doivent réduire le nombre des banqueroutes constatées et des faillites
de bonne foi ; et comme d'un autre côté la faillite-banqueroute ne peut plus exister sous ce régime, la sécurité des
créanciers deviendra à peu près entière, et le crédit, qui
est l'ame du commerce, prendra une extension dont on se
rend facilement compte.

Tels sont les effets médiats et immédiats de la *Concurrence limitée*, de la double garantie appliquée à toutes
les branches du commerce.

Ainsi, au lieu de la fraude universelle et absolue et de
la faillite-banqueroute, qui sont les conséquences inévitables
de la libre concurrence, le système des garanties introduit
forcément la bonne foi dans les relations mercantiles, et
cette bonne foi forcée, en garantissant la solvabilité du
négociant, rend la sécurité aux créanciers et le crédit au
commerce.

CONCLUSION.

La question que nous venons de discuter est d'un intérêt général, elle embrasse la plus grande partie des fortunes privées, et se lie intimement à la fortune nationale. Le cadre restreint d'une brochure ne nous a pas permis de lui donner tous les développemens qu'elle demande, d'en examiner toutes les faces. Nous n'avons considéré ici la concurrence que sous le rapport des faillites et des banqueroutes. Nous ne nous sommes point occupé de l'influence qu'elle peut avoir sur la hausse et la baisse subites des prix, sur l'encombrement des marchandises dans un lieu et la difficulté de les écouler, etc., etc. Ce n'est que par un traité long et laborieusement fait qu'il serait possible de donner un tableau vrai et complet des effets déplorables produits par la *Concurrence illimitée* dans toutes les ramifications du commerce, et une théorie complète et pratique de la *Concurrence limitée* dont nous avons déjà signalé quelques heureux effets.

Nous n'avons point la prétention de donner notre système comme absolu et exclusif (1); nous voulons seulement attirer l'attention du public sur la vraie cause du fléau des banqueroutes, et lui indiquer la voie des réformes à opérer.

(1) Nous ne le donnons même pas comme but, mais seulement comme moyen.

Il est à regretter que nos économistes les plus estimés, **MM. J. B. Say, H. Storch, S.** de Sismondi, n'aient pas consacré quelques pages à un problême aussi important, et ne l'aient pas éclairé de leurs savantes discussions. Ces auteurs n'ont envisagé le commerce que dans ses rapports avec l'économie politique ; ils ne sont pas descendus aux détails du commerce intérieur d'une nation, détails qui cependant touchent de trop près à la prospérité publique pour ne pas mériter les investigations des publicistes. Lorsqu'ils viennent à parler de la concurrence, ils lui supposent, sans discussion, tous les résultats heureux que nous avons vus si cruellement démentis par les faits. Partant de ce point de vue, ils ne pouvaient chercher de remède à un mal qu'ils ne reconnaissaient pas.

Espérons que le génie des législateurs modernes les portera bientôt à explorer et approfondir cette matière, et leur fera comprendre enfin le danger d'une liberté absolue du commerce, et le remède qui peut lui être efficacement appliqué.

Aujourd'hui que le pouvoir législatif en France est saisi d'un nouveau projet de loi sur les faillites et les banqueroutes, ce serait lë cas de remonter à la source du mal. Trois essais successifs tentés depuis le dix-septième siècle ont démontré de la manière la plus claire, pour ceux qui veulent voir, toute l'inutilité des réformes portant exclusivement sur une législation qui n'a jamais eu pour but que de réprimer le mal au lieu de le supprimer. Si le législateur actuel ne sort pas de cette voie suivie par ses prédécesseurs (1), comme eux il ne dotera la nation que d'une loi insuffisante et sans portée.

(1) Malheureusement on n'a que trop lieu de le craindre d'après l'esprit

« Le commerce, en recevant l'inutile bienfait de ces
» mesures incomplètes, ne cesserait pas de porter dans son
» sein un germe de désorganisation. La fraude et la cupi-
» dité conserveraient le moyen de faire une guerre désas-
» treuse au travail et à la bonne foi. Les spéculations les
» plus honnêtes seraient constamment menacées par cette
» infâme spéculation, qui consiste à se précipiter dans tous
» les hasards sans courir aucune chance ; à entraîner par
» toutes sortes de prestiges la confiance tellement loin
» qu'elle n'ose plus rétrograder ; enfin à mettre tout-à-
» coup à couvert une proie immense, aux dépens de la
» probité laborieuse et de l'économie patiente, dont l'esti-
» mable persévérance s'était lentement et fructueusement
» employée à la reproduction des capitaux, source abon-
» dante de prospérité (1). »

Ces paroles, prononcées lors de la présentation du projet de Code de commerce, sont graves et méritent d'être
sérieusement méditées. Les déplorables effets dont elles
tracent le tableau ne disparaîtront que lorsqu'on aura ex-
tirpé du commerce le fléau qui les produit, la cause première
des faillites-banqueroutes, la *Concurrence illimitée.*

Toutefois, si l'on adoptait le système de la double garantie, il ne serait pas nécessaire, dans l'origine, de l'ap-

---

qui a dirigé la Chambre des Pairs, dans la discussion du projet de loi, discussion terminée en trois séances.

Renfermée dans le cercle étroit qu'on n'a pas su franchir encore, cette
Chambre s'est bornée à une discussion dont l'étrange brièveté fait déjà
soupçonner le peu d'importance. Bien loin de rechercher la véritable cause
des faillites et des banqueroutes, elle ne semble pas même s'être enquis de la
cause de leurs effets désastreux (voy. le *Moniteur* des 9, 10 et 11 mai 1837).
Cependant, avant de porter un jugement définitif, attendons que la discussion soit ouverte devant la Chambre des Députés.

(1) Vœu du tribunat, 6e discours, n° 1.

pliquer brusquement à toutes les branches de l'industrie commerciale sans exception. On pourrait d'abord en borner l'essai aux marchandises qui, par leur haute valeur, font craindre des faillites plus désastreuses, et à celles dont la falsification peut causer plus de préjudice aux consommateurs. Ensuite, on y soumettrait les marchandises de moyenne importance ; et insensiblement, il s'étendrait aux objets les plus minutieux du commerce.

Quel que soit, au surplus, l'esprit qui dirigera la discussion du nouveau projet devant la Chambre des Députés, nous nous proposons d'en donner un commentaire dès qu'il aura été converti en loi.

Imprimerie de 94, rue J.-J. Rousseau, 8, à Paris.

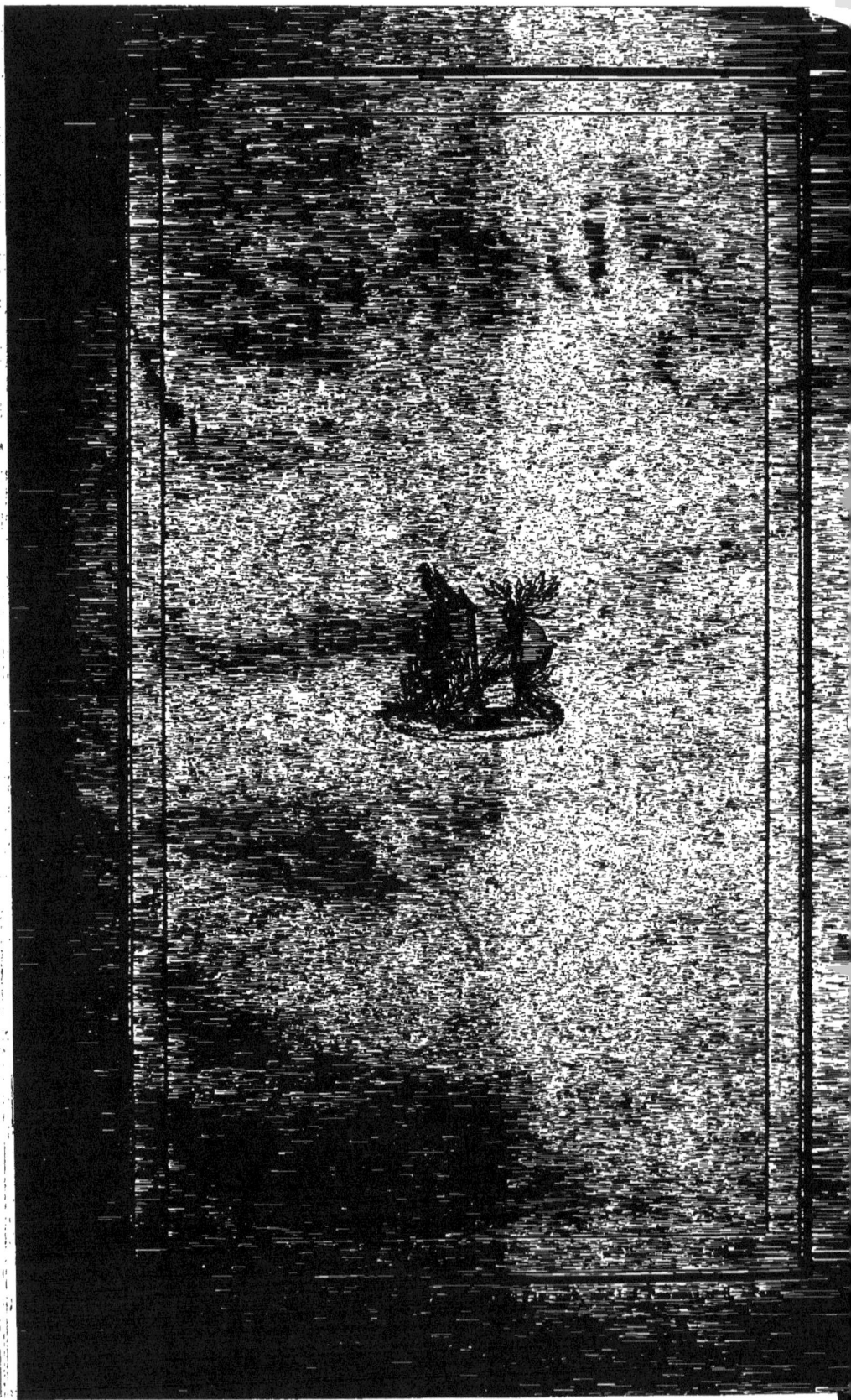

www.ingramcontent.com/pod-product-compliance
Lightning Source LLC
Chambersburg PA
CBHW050537210326
41520CB00012B/2616